L'Ile Saint-Louis
et l'Arsenal

Chaque ouvrage forme un petit volume de poche (11×14 cm.) de 72 pages, avec 16 gravures hors texte d'après des documents anciens et modernes, un plan et un itinéraire, et une élégante couverture en couleurs.

Chaque ouvrage de la collection existe en langue anglaise.

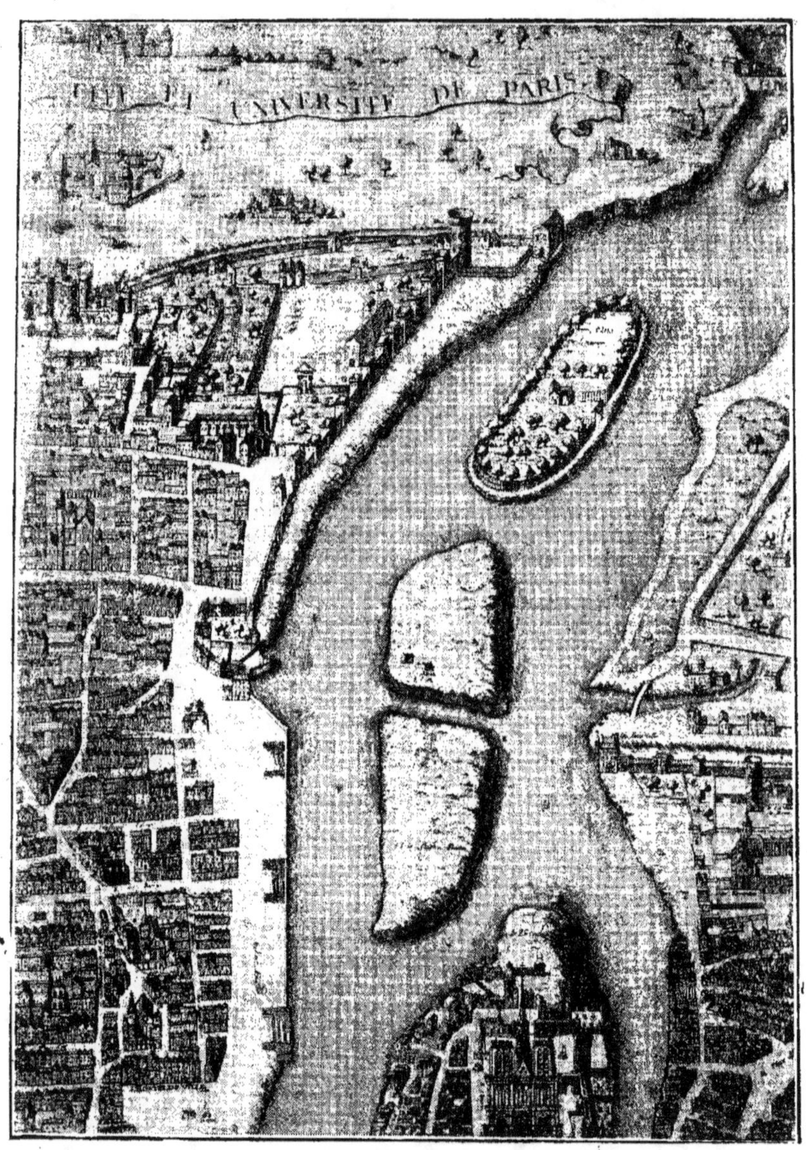

Bibliothèque Nationale

L'ÎLE SAINT-LOUIS (île Notre-Dame et île aux Vaches)
et l'ÎLE LOUVIERS sous le règne de Charles IX
(1560—1574), d'après le plan dit de Saint-Victor.

Pour connaître Paris

L'Ile Saint-Louis
et l'Arsenal

par

FRANTZ FUNCK-BRENTANO

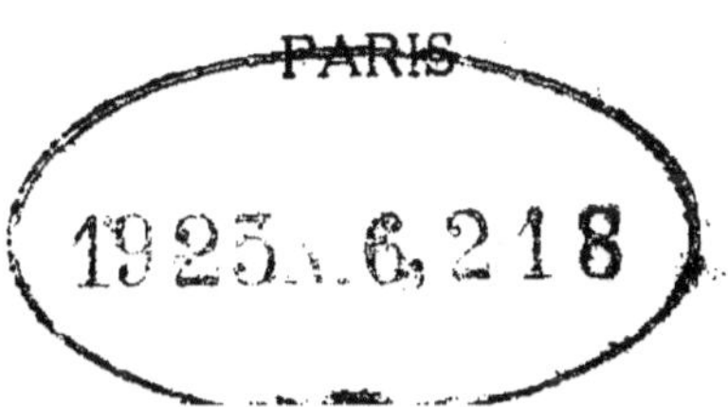

LIBRAIRIE HACHETTE
79, Boulevard Saint-Germain
PARIS

L'Ile Saint-Louis et l'Arsenal

I

L'Ile Saint-Louis

L'île Saint-Louis se composait originairement de deux îlots, séparés par un étroit canal qui suivait approximativement le tracé de la rue Poulletier actuelle. Ces deux îlots se nommaient, le plus petit, en amont, l'île aux Vaches, et le plus grand, en aval, l'île Notre-Dame ou Sainte-Marie, — le premier ainsi dénommé parce qu'il servait de pâturage aux bestiaux qui y détachaient leurs robes blanches marquées de noir ou de roux sur la fraîche verdure des prairies émaillées de fleurs; le second, appelé l'île Notre-

Dame, parce qu'il se trouvait sous la dépendance du chapitre de l'église cathédrale, depuis le 22 avril 867, où Charles le Chauve en avait retiré la jouissance au comte de Paris, pour l'attribuer à l'évêque et à son chapitre : on sait que la métropole parisienne ne sera promue à la dignité archiépiscopale qu'au XVIIe siècle.

L'enceinte de Paris, bâtie par Philippe Auguste à la fin du XIIe siècle, longeait le canal qui séparait les îlots. La ligne de défense était continuée sur les deux branches du fleuve par des ponts de bateaux reliés par des chaînes, l'un allant de l'île à la tour de Billy sur le quai des Célestins ; l'autre du bord de l'île à la tour de la Tournelle sur le quai Saint-Bernard.

Les deux petites îles étaient donc couvertes de prairies où lavandières et tisserands venaient étendre leurs toiles pour les faire blanchir ; on y voyait s'ébattre de joyeuses petites personnes, en compagnie de clercs de la basoche et d'escoliers en robe noire, portant tonsure comme des curés ; les « chevaliers de l'arc », aux ordres de leur « capitaine » ou de leur « empereur », venaient s'y exercer à leur jeu favori, sous les

Coll. G. Hartmann

L'ILE NOTRE-DAME ET L'ILE AUX VACHES
(ACTUELLEMENT ILE SAINT-LOUIS).
Dessin et gravure de Champin et Leblanc.

Coll. G. Hartmann

L'HOTEL DE BRETONVILLIERS, à la pointe
orientale de l'île Saint-Louis, au XVIIe siècle.

longs berceaux qui s'alignaient au ras du fleuve, et de sonores guinguettes versaient le clairet et la cervoise, l'hypocras et la piquette aux gais compagnons.

Quand, au XIIIe siècle, la ville de Paris sera divisée en seigneuries diverses, sous le haut patronage royal, l'île Notre-Dame restera sous la suzeraineté du chapitre.

Les rives des deux îles n'étaient pas protégées par des quais, en sorte que les crues de la Seine en recouvraient les terrains inondés.

Les espaces laissés libres de constructions, étaient favorables aux déploiements fastueux et aux assemblées pompeuses que le moyen âge affectionnait. On sait que la « chevalerie », c'est-à-dire l'admission au rang de chevalier, des fils des rois de France était l'occasion de fêtes magnifiques. Celles que le bon roi saint Louis donna, en la Pentecôte 1267, pour la « chevalerie » de son fils Philippe le Hardi, se déroulèrent dans l'île Notre-Dame ; l'archevêque de Rouen, Eude Rigaud, en fait mention en sa chronique, signalant la présence du roi de Navarre et de nombreux seigneurs.

Saint Louis affectionnait l'île Notre-Dame. Il venait y lire ses heures, dans le calme de la prairie, coiffé d'un chapel en plumes de paon blanc ; il s'y était fait aménager une manière d'oratoire rustique, et c'est dans cette même île Notre-Dame que le bon roi, au milieu d'un nombreux concours de peuple, prit la croix pour la croisade de Tunis, des mains du légat pontifical, ainsi que son fils et nombre de nobles barons. C'est également dans l'île Notre-Dame que se déroulèrent en 1313 les fêtes données par Philippe le Bel en l'honneur de la chevalerie de son fils aîné le roi de Navarre, connu sous le nom de Louis le Hutin. Pour amener ses nombreux invités dans l'île, le roi avait fait construire un pont de bateaux. Sans doute les deux *charrières,* qui avaient été établies en mars 1296 pour donner accès dans l'île, et sur lesquelles on percevait un droit de péage, avaient-elles été enlevées par une crue des eaux. De nouveaux ponts seront établis vers 1340.

L'île Notre-Dame, couverte de prairies, tout entourée d'eau, semblait se prêter le mieux du monde aux duels judiciaires et combats analo-

Coll. G. Hartmann

LE CABARET DE L'ILE AUX VACHES,
décor exécuté par Ralié et Chaperon pour le IVᵉ acte du *Roi s'amuse*
de Victor Hugo, à la Comédie Française. Dessin de Ch. Gosselin.

gues, si fréquents au moyen âge. Parmi ceux dont la tradition s'est conservée, il en est deux qui méritent une mention spéciale : le premier se place au Xe siècle, en 968. Il s'agissait de savoir si des orphelins pouvaient hériter de leur grand-père, ou si la succession devait être intégralement dévolue aux enfants survivants du défunt. Pour surprenant que cela nous paraisse, cette question fut longtemps débattue au moyen âge et ne fut jamais uniformément réglée. En 968, dans l'Ile-de-France, les deux théories avaient des partisans : les uns disant que des orphelins avaient droit à la part qui serait revenue à leur père vivant, les autres déclarant qu'ils ne pouvaient hériter, les enfants survivants du défunt, dont la succession était à partager, lui étant plus proches d'un degré.

Les hommes du moyen âge étaient convaincus que Dieu ne manquait pas de faire triompher la bonne cause dans un duel placé sous son patronage : on se battit donc pour trancher — à coups d'épée — cette question de droit. Le champion des orphelins l'emporta : ainsi dorénavant la « représentation » sera de droit dans l'Ile-de-France, nous voulons dire que l'orphelin *représentant* son père, ou sa mère, dans une succession, y héritera comme l'auraient fait ces derniers.

Le second duel judiciaire dont nous voulons parler est plus curieux encore : il eut lieu dans l'île Notre-Dame, sous le règne de Charles V, devant de nombreux assistants, comme le précédent.

Aubry de Montdidier avait été assassiné dans la forêt de Bondy par un chevalier nommé Macaire : il était accompagné de son chien. Ce dernier reconnut peu après l'assassin, se précipita sur lui, le poursuivit, s'attachant à ses pas : des soupçons, qui s'étaient éveillés, en furent confirmés. Le roi ordonna un duel entre le chien et le chevalier. A peine entré dans la lice, le chien sauta à la gorge de son adversaire, qui était armé d'un bâton ; il allait l'étrangler quand les combattants furent séparés, Macaire ayant avoué son crime.

Deux nouveaux ponts, reliant l'île Notre-Dame à la ville, furent construits en 1370, ponts « planchiés », c'est-à-dire en bois, l'un appelé

« pont de fust (bois) de l'isle Nostre-Dame »,
l'autre dénommé « pont de fust d'emprès Saint-
Bernard-aux-Barres », car il donnait sur le port
Saint Bernard. L'entrée en était défendue par
un bastillon carré coiffé d'ardoises. Ces ponts
avaient disparu au XVIᵉ siècle, emportés sans
doute eux aussi par l'une des terribles crues
de la Seine.

Nous avons dit que les rives des deux petits
îlots n'étaient protégées contre le fleuve par
aucun ouvrage d'art : au début du XVᵉ siècle
seulement, on les entourera d'une manière de
boulevard soutenu par de gros pieux pour tenir
la terre.

En cette année 1370, où l'on répara les ponts,
deux des *mutes* — ce qui veut dire des cibles —
qui servaient aux tireurs d'arc habitués de l'île,
furent également refaites et on en érigea deux
neuves, pour les archers et arbalétriers dont
Guillebert de Metz parle, en 1440, avec pré-
cision, signalant leurs « berceaux pour traire de
l'arbalète et de l'arc à main » ; il note aussi des
« palais » — expression bien ambitieuse — pour
« lutter ». Nous ne pensons cependant pas que

ce fussent des arènes pour combats de boxe. Quant aux « berseaux » des chevaliers de l'arc, on en aperçoit le dessin sur les plus anciennes gravures.

Quant à l'île aux Vaches, elle servit, dès le XIIe siècle, à la fabrication des bateaux. A l'époque des guerres religieuses, nous y trouvons une maison de bouteille tenue par Jacques Gachery, où les Ligueurs vont boire chopine en portant la santé de François de Guise et du roi. C'est en ce « bouchon » de l'île aux Vaches que Victor Hugo placera le tragique dénouement du *Roi s'amuse*, en la personne de François Ier et de la fille de Triboulet; mais il faut arriver au début du XVIIe siècle, à l'année 1600, pour trouver dans les îlots qui formeront l'île Saint-Louis une construction de quelque importance : la demeure que le maître-couvreur Nicolas Lejeune se fit bâtir dans l'île Notre-Dame en 1600, maison qui ne devait pas laisser d'être « conséquente », puisque Lejeune y fit adjoindre une chapelle, humble origine de la paroisse Saint-Louis-en-l'Ile. Et disons tout de suite que ce sera cette chapelle, érigée en paroisse et placée en 1726 sous le vocable de saint Louis, qui donnera son nom à l'île tout entière.

Nous voici sous le règne de Henri IV qui affectionnait cette partie de sa « grand'ville », où il se rendait souvent pour venir voir à l'Arsenal son ministre, le duc de Sully : il décida de faire couvrir l'île de maisons disposées en rues symétriques. Déjà il avait donné à Sully des instructions en ce sens, quand ses plans furent déchirés par le couteau de Ravaillac ; mais, dès 1614, les projets de Henri IV furent repris par Louis XIII.

Un contrat fut passé, le 19 avril 1614, avec un certain Christophe Marie, « entrepreneur général des ponts de France ». Marie s'engageait à combler le canal qui séparait l'île Notre-Dame de l'île aux Vaches et à les réunir en une île unique ; il devait l'entourer de quais avec parapets de pierre, y ouvrir des rues larges de quatre toises, ce qui faisait sept ou huit mètres, et y construire deux ponts qui assureraient les communications avec les quartiers de Paris de la rive droite et de la rive gauche. En retour, Marie obtenait du Conseil du roi la faculté de construire, à son profit, un jeu de paume dans l'île, d'y établir douze étaux de boucherie, des bateaux de lavandières, six moulins du côté de la Tournelle, une pompe pour tirer l'eau, une maison des étuves, — comme on nommait les établissements de bains, — et de lever, sur chaque maison construite dans l'île, pendant soixante ans, une redevance annuelle de 12 deniers, c'est-à-dire d'un sol. Il s'agit de sous d'argent correspondant à notre franc actuel. En tenant compte de la puissance relative de l'argent au XVIIᵉ siècle et au XXᵉ, on pourrait dire que Marie était autorisé à prélever annuellement, soixante années durant, sur chacune des maisons construites dans l'île, un cens de 15 à 20 francs, valeur d'aujourd'hui, ce qui n'est pas excessif. L'entrepreneur avait en outre les droits de pêche et de barrage sur les rives de l'île.

Marie s'associa François Le Regrattier, trésorier des Cent-Suisses, et Lugles Poulletier, commissaire des guerres. Les trois compagnons ont conservé leurs noms en l'épigraphie urbaine : le pont *Marie* fait communiquer l'île Saint-Louis avec la rive droite (quai d'Anjou-quai des Célestins); la rue *Le Regrattier*, en l'île, va du quai d'Orléans au quai Bourbon; et la rue *Poulletier*, en l'île également, s'étend du quai de Béthune au quai d'Anjou. Une erreur répandue voudrait que le pont Marie dût son nom à Marie de Médicis, mère de Louis XIII : on voit ce qui en est. Quant au chapitre de Notre-Dame, auquel, en somme, l'île appartenait, il donna son consentement aux projets formulés, sous la condition que jamais la nouvelle île Saint-Louis ne serait réunie à celle de la Cité, où s'élevait leur cathédrale, comme l'île Notre-Dame avait été réunie à l'île aux Vaches. Le chapitre demandait en outre une indemnité pour l'abandon de ses droits seigneuriaux; ce qui va donner lieu à des contestations et à des procès : 50.000 livres, qui feraient environ un million et demi de valeur actuelle, furent mis de ce chef à la charge de Marie qui protesta, fit un procès; enfin l'affaire se termina par un accommodement à l'amiable, Marie abandonnant ses droits aux notables qui étaient venus s'établir dans l'île, et ceux-ci s'engageant à payer au chapitre les 50.000 livres demandées.

II

Les ponts de l'Ile Saint-Louis

Le premier des ponts construits par Marie pour relier l'île Saint-Louis à la Ville eut une destinée malheureuse. Louis XIII voulut en poser lui-même la première pierre, le 11 octobre 1614, en présence d'une assemblée imposante, où se voyaient sa mère, la « reine blanche », Marie de Médicis, — on nommait « reine blanche » la reine-mère, veuve du roi défunt, parce que, jusqu'à Catherine de Médicis, d'autres disent Anne de Bretagne, elle avait porté en blanc le deuil de son époux; — puis on y voyait le célèbre Robert Miron, prévôt des marchands, et les échevins de la ville. Les travaux

Coll. G. Hartmann.

Vue du Pont Marie prise de l'ancienne Ile Louviers.
A gauche, la vue du corps de garde de l'île Louviers.
Dessin de Deroy, lithographie de Molte.

ne furent terminés qu'en 1635. Dès 1637, une crue du fleuve avait tout emporté. Il est vrai que le pont était construit en bois. On se hâta de le refaire ; mais les eaux le détruisaient à nouveau en 1651, et l'on se remit à le bâtir, en pierre de taille, et en le couvrant des deux côtés de maisons, suivant l'usage du temps. La plupart des ponts de Paris étaient ainsi couverts de maisons : telle une rue. On pouvait faire passer un étranger d'une rive à l'autre sans qu'il se doutât qu'il avait traversé la Seine.

A peine reconstruit, le pont Marie fut à nouveau démoli, partiellement tout au moins, par une crue du fleuve, le 1er mars 1658 : des maisons qui y étaient bâties, vingt-deux s'écroulèrent — celles qui se trouvaient du côté de l'île, — entraînant la mort de soixante personnes. Louis XIV avait succédé à son père : il ordonna la réfection des piles écroulées, mais s'opposa à ce que l'on rebâtît sur le pont les immeubles détruits. Au reste, ce n'est pas par les ravages de l'eau, mais par ceux du feu, que la plupart de ces *rues* construites sur la rivière furent anéanties, jusqu'à la fin du XVIIIe siècle, où un arrêt du Conseil du roi (14 août 1785) donna congé aux locataires de ces habitations fluviales pour être lesdites maisons abattues (à dater du 1ᵉʳ janvier suivant).

Un péage fut établi sur le pont Marie en 1670, pour une durée de dix ans, et, en 1718, on le munit d'appuis en pierre, « pour la commodité, dit l'historien Germain Brice, de ceux qui sont curieux de voir ce qui se passe sur la rivière ».

Reliée à la rive droite par le pont Marie, l'île Saint-Louis était reliée à l'île de la Cité par le « pont rouge », qu'on appellera « pont de la Cité » quand il sera reconstruit en 1803-1804, par le citoyen-ingénieur Dumoustier. La construction du « pont rouge » — un pont de bois — ne s'était pas faite sans contestations. Quand, en 1617, Marie et ses associés voulurent en commencer les travaux, les chanoines de Notre-Dame s'y opposèrent. Ils ne voulaient décidément d'aucun lien entre la Cité et l'île Saint-Louis : on ne voit pas pourquoi. Ce ne fut qu'en 1642, après avoir reçu les 50.000 livres dont il a été question plus haut, que le chapitre

Coll. G. Hartmann

Vue du Pont Rouge reliant l'Ile Saint-Louis a la Cité,
sur l'emplacement du Pont actuel de la Cité.
Gravure de Ransonnette.

de Notre-Dame céda enfin, à la condition qu'il ne serait fait sur ce pont ni boutiques, comme sur le Pont-Neuf, ni maisons, comme sur les autres ponts de Paris, et qu'on ne demanderait aucun péage, ni aux chanoines ni à leurs domestiques.

Le pont fut endommagé par les crues en 1710. On en recommença la construction en 1717, moyennant un péage accordé à l'entrepreneur pour quinze ans. Ce fut alors que l'on peignit le pont en rouge, d'où le nom qui lui fut donné. Enfin la débâcle, dans le dégel des flots glacés, ayant emporté une partie des piles de bois, le pont fut reconstruit en pierre, comme il a été dit, au début du XIXe siècle : appelé, après cette transformation, « pont de la Cité », dénommé aujourd'hui « pont Saint-Louis ».

Le pont de la Tournelle, qui fait communiquer l'île avec la rive gauche, connut des vicissitudes égales : terminé en 1648, détruit par le débordement du fleuve en 1651, refait en pierre en l'année 1656, il subsista jusqu'en 1847, où il fut élargi sous la direction de La Galissière, et doté de contreforts métalliques. Au XVIIe siècle, on y percevait un péage de 2 deniers par piéton, 6 deniers par cavalier, 12 deniers par voiture. A l'heure où j'écris, le pont de la Tournelle a été démoli et remplacé par une passerelle de bois provisoire. Les arches du pont n'étaient pas assez élevées et gênaient la batellerie. On doit y construire un nouveau pont, comprenant une arche de 73 mètres d'ouverture en béton armé, flanquée de deux arches latérales en maçonnerie. Au concours, le projet de MM. P. et L. Guidetti a été primé. Sur la proue de l'une des piles se dressera un socle élancé surmonté d'une statue de sainte Geneviève.

Le pont Louis-Philippe assure le passage du quai de Bourbon au quai de l'Hôtel-de-Ville. Dans son état actuel, il date de 1860-1862, ayant remplacé l'ancien pont suspendu, à câble de fer, qui avait été construit en 1834 par le célèbre Seguin d'Annonay, inventeur de ces sortes de ponts, dont il avait inauguré le premier à Lyon.

Pour terminer l'historique des ponts qui dégagent l'île Saint-Louis, citons les deux passerelles qui, à l'extrémité orientale, donnaient accès à la ville : celle du nord, sous le nom de Damiette — en souvenir de la prise de Damiette par Bonaparte consul, — menait du quai d'Anjou au quai des Célestins ; celle du sud reliait le quai de Béthune au quai Saint-Bernard : elle fut nommée « de Constantine » en mémoire de la prise de Constantine, le 13 octobre 1837, par le général Valée, après la mort du général Damrémont. Ces deux passerelles venaient d'être construites en cette année 1837. Elles seront remplacées en 1874-1876, par le pont de Sully actuel, prolongeant le boulevard Henri IV.

Nous avons vu que les malheurs du pont Marie amenèrent la suppression des maisons dont les ponts de Paris étaient bordés ; les péages, qu'une compagnie, appelée « Compagnie des Trois Ponts » (pont Marie, pont de la Tournelle et pont Rouge), percevait sur les passants, ont eu une autre conséquence.

Cette compagnie, qui datait du 15 mars 1801, prélevait des redevances qui semblèrent si élevées que les Parisiens, les habitants de l'île en tête, se mutinèrent, s'assemblèrent, envahirent les bureaux de la perception, les mirent à sac

(1844) ; un comité de protestation réunit des personnages considérables : ils se syndiquèrent,
comme on dirait aujourd'hui, firent un procès
qui dura quatre ans, et obtinrent finalement la
suppression, non seulement des péages de l'île
Saint-Louis, mais de tous les ponts de Paris alors
existants.

III

Les quais de l'île Saint-Louis

Mais voici que l'histoire des ponts nous a
menés jusqu'à l'époque moderne, sans que nous
ayons encore dit comment l'île Saint-Louis se
couvrit de ses intéressantes constructions : ce ne
fut qu'à une époque relativement tardive. L'île
Notre-Dame et l'île aux Vaches étaient demeu-

VI

L'ESTACADE A LA POINTE ORIENTALE DE L'ILE SAINT-LOUIS EN 1840.
Eau-forte de Martial.

rées jusqu'à la fin du XVIe siècle le lieu de pâturage que nous avons décrit. Ce fut en 1600 que le maître-couvreur Lejeune y bâtit sa maison et sa chapelle célèbre ; mais du moment où le soin de construire l'île fut confié à l'entrepreneur Marie et à ses associés Poulletier et Le Regrattier, les travaux avancèrent avec une rapidité surprenante — nous voici sous le règne de Louis XIII — rapidité qui fait écrire au grand Corneille les vers souvent cités :

Paris semble à mes yeux un pays de romans,
J'y croyais, ce matin, voir une île enchantée :
Je la laissai déserte et la trouve habitée :
Quelque Amphion nouveau, sans l'aide de maçons,
En superbes palais a changé ces buissons...

Et l'île rattrapait si bien le temps perdu que, après être demeurée jusqu'au XVIIe siècle un lieu inhabité et inculte, elle offrit tout à coup — au milieu du Paris tortueux, compliqué et enchevêtré qu'avait formé le moyen âge — le modèle d'une ville moderne, aux rues régulières, se coupant à angle droit, construite sur un plan symétrique, au point que l'aspect n'en a guère changé du XVIIe siècle à nos jours. Elle se peupla rapidement, et des familles les plus distinguées : gentilhommes, financiers, magistrats, magistrats surtout. En 1749, on n'y trouvera pas moins de trente conseillers à la Cour des Comptes, sans parler des parlementaires, plus nombreux encore.

Les quais furent bâtis eux aussi au XVIIe siècle et portaient les noms de quai de Bourbon depuis le pont Saint-Louis, ancien pont Rouge, jusqu'au pont Marie ; — quais d'Alençon et d'Anjou (1), aujourd'hui uniformément quai d'Anjou, depuis le pont Marie jusqu'au pont de Sully ; — quai Dauphin ou des Balcons (aujourd'hui quai de Béthune, du nom de Maximilien de Béthune, duc de Sully, le célèbre ministre de Henri IV), depuis le pont de Sully jusqu'au pont de la Tournelle ; — enfin quai d'Orléans, du nom du frère de Louis XIII, Gaston d'Orléans, depuis le pont de la Tournelle jusqu'au pont Saint-Louis.

A l'époque révolutionnaire, ces quais furent dénommés, jusqu'à l'établissement de l'Empire :

____

(1) Quai d'Anjou dans la partie orientale, en amont ; — quai d'Alençon dans la partie occidentale, en aval.

VII

L'ÎLE SAINT-LOUIS ET L'ÎLE LOUVIERS
d'après le plan dit de Turgot (XVIIIe siècle).

le quai de Bourbon, quai de la République ; —
le quai d'Anjou, quai de l'Union ; — le quai
de Béthune, quai de la Liberté ; — le quai
d'Orléans, quai de l'Egalité.

Ces quais de l'île Saint-Louis sont devenus
célèbres par les fameuses « Inscripcions » de
Retif de la Bretonne. L'auteur si singulier et si
intéressant de *Monsieur Nicolas* allait se promener quotidiennement autour de l'île Saint-Louis,
de préférence le soir, à la tombée du jour,
quand les eaux se moirent aux reflets du ciel
doré. Retif s'arrêtait pour inscrire des dates
relatives aux faits de sa vie privée, sur l'appui
des parapets, à l'aide d'une griffe qu'il avait fait
forger à cette intention. L'idée lui en était venue
en 1776. Ces dates, accompagnées de quelques
lettres, parfois d'un ou deux mots, en latin —
la langue de l'épigraphie ! — lui rappelaient les
souvenirs de sa vie passée :

« Le tour de cette île, écrit-il, est devenu
délicieux pour moi. Tous les jours y sont inscrits
sur la pierre : un mot, une lettre exprime la situa-
tion de mon âme... Il y a trois ans, à pareil ins-
tant, à pareil jour, j'étais ainsi ! Et aujourd'hui ?

Ai-je gagné, ai-je perdu en bonheur ? Je compare le tableau, et cette comparaison me fait vivre le temps passé comme le moment présent ; elle empêche la perte des années écoulées et qu'au bout d'un temps je ne me sois étranger à moi-même. »

Comme ces inscriptions sur les parapets des quais s'effaçaient, Retif les reportait sur un carnet avec des commentaires, d'où le curieux volume, *Mes inscripcions*, publié dans la *Bibliothèque elzévirienne*.

Retif de la Bretonne venait rêver sur les quais de l'île Saint-Louis au XVIII° siècle, en évoquant les événements de sa vie passée ; au XIX° siècle, Sainte-Beuve viendra y rêver de même, en évoquant lui aussi les années écoulées :

Dans l'île Saint-Louis, le long d'un quai désert
L'autre soir, je passais ; le ciel était couvert
Et l'horizon brumeux eût paru noir d'orages,
Sans la fraîcheur du vent qui chassait les nuages ;
Le soleil se couchait sous de sombres rideaux,
La rivière coulait, verte, entre les radeaux ;
Aux balcons, çà et là, quelque figure blanche
Respirait l'air du soir ; et c'était un dimanche :
Le dimanche est pour moi le jour du souvenir...

Et de même encore, tout récemment, le jeune poète Jean de la Ville-Mirmont, qui mourut pour la patrie le 28 novembre 1914, ayant quitté à la mobilisation sa tranquille demeure de l'île Saint-Louis. Mirmont, lui aussi, aimait à se promener, songeur, sur les quais paisibles, en quête d'une rime, au désir de sa rêverie :

> Et puis voici
> L'île Saint-Louis,
> La plus déserte de toutes les îles...

Séparés par les eaux des autres quartiers parisiens, les habitants de l'île Saint-Louis devaient garder plus longtemps l'esprit particulariste, le sentiment local que l'on trouvait jadis aux diverses régions de Paris. En ma jeunesse, les habitants de Passy, où je vivais, disaient encore, quand ils prenaient le tramway, ou le bateau, ou le chemin de fer de ceinture : « Je vais à Paris. »

« Passy », c'était « le pays ».

De même, aujourd'hui encore, les vieux habitants de l'île, quand ils passent les ponts, « vont à Paris ».

De cet esprit, une petite feuille, spirituelle et pittoresque, *Le Sémaphore*, imprimée en la jolie échoppe du quai d'Anjou, l'*Encrier*, vient de se faire l'écho, de la manière la plus plaisante. Le premier numéro en a paru en mai 1924. A la devanture de l'*Encrier*, je lis ces vers charmants de Roger Dévigne :

Par ce matin où dansent des bulles d'or
Comme en un gai petit vin de Touraine,
Ile Saint-Louis, ma belle vieille, traîne
    Ces longs voiles et ces mantilles
    Qu'autour de toi tisse l'aurore.

Indolente dans ce matin neuf et limpide
    Qui te baigne et qui te parfume,
    Laisse glisser la chevelure
    De tes feuillages translucides,
Légers et lumineux comme tes souvenirs.

Tes souvenirs!... tes beaux souvenirs sont
    Pareils à ceux des amoureuses
    Avec des fleurs et des chansons
    Et des rires sous l'éventail
Et les bateaux qui musiquaient au long du fleuve ;

Avec Lauzun, droit et fringant, au gouvernail,
Et des bouquets enfilés au long de son épée
Et des brins de muguet mêlés à ses cheveux...

Avec, au bord du soir nostalgique et drapé,
L'ombre de Baudelaire errant sur tes quais bleus...

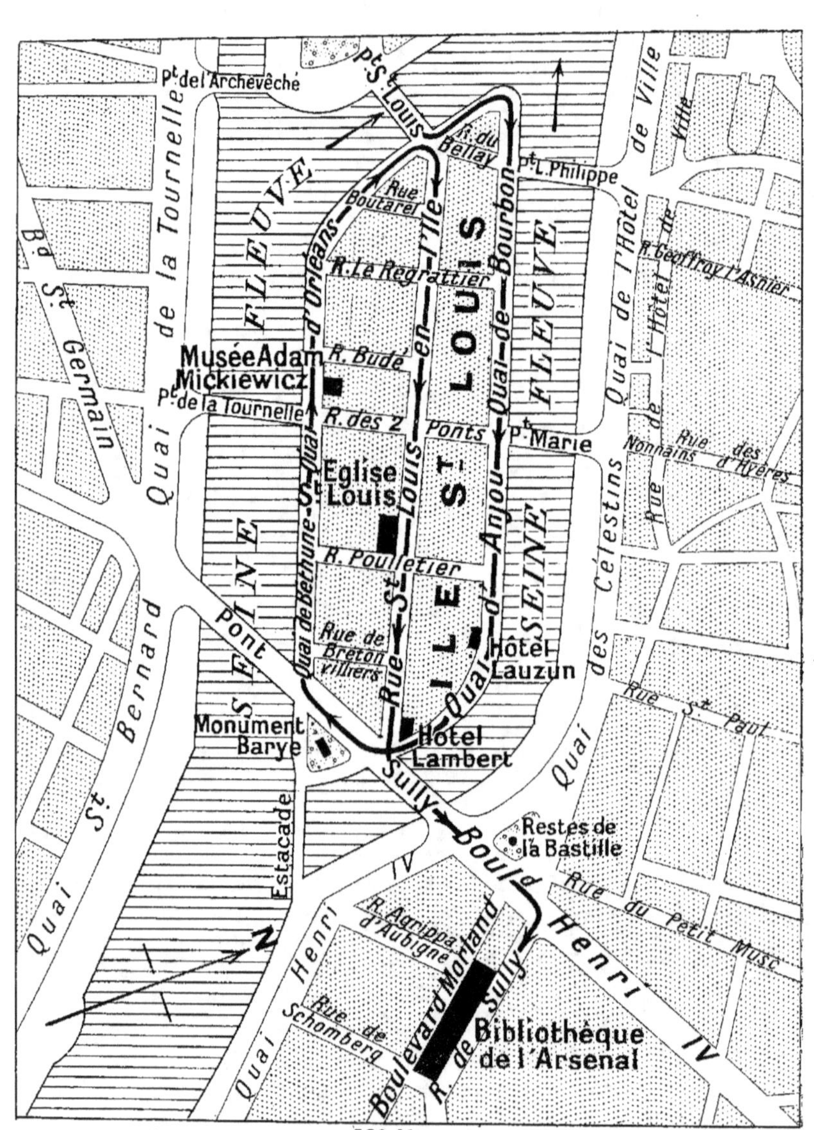

Pt del'Archevêché
Pt S. Louis
R. du Bellay
Pt L. Philippe
Quai de l'Hôtel de Ville
Rue de Ville
FLEUVE
Bd St Germain
Quai de la Tournelle
FLEUVE
Rue Boutarel
Rue en l'Ile
Quai de Bourbon
R. Geoffroy l'Asnier
Quai de l'Hôtel de
R. le Regrattier
ILE ST LOUIS
FLEUVE
Musée Adam Mickiewicz
R. Budé
Pt de la Tournelle
Quai d'Orléans
R. des 2 Ponts
Pt Marie
Rue des Nonnains d'Hyères
Eglise St Louis
Quai de Béthune
Rue St Louis
Quai d'Anjou
SEINE
Quai des Célestins
R. Poulletier
Rue de Bretonvilliers
Hôtel Lauzun
Rue St Paul
Monument Barye
Pont Sully
Hôtel Lambert
Quai St Bernard
Estacade
Restes de la Bastille
Rue du Petit Musc
N
Quai Henri IV
R. Agrippa d'Aubigné
Boulevard Morland
Boulevard Henri IV
Rue de Schomberg
Rue de Sully
Bibliothèque de l'Arsenal
500 Mètres

ITINERAIRE

———

Nous allons donc, nous aussi, faire le tour de l'île Saint-Louis, non en rêveurs comme Retif de la Bretonne, comme Sainte-Beuve, mais en curieux.

Après avoir quitté la Cité par le pont Saint-Louis, prenons le quai de Bourbon et suivons-le en remontant le cours du fleuve. En quittant le pont Saint-Louis, on tient sa gauche : le quai Bourbon se continue par le quai d'Anjou ; on le suit à son tour et on arrive à la pointe orientale de l'île ; tournant à droite, on prend la partie du boulevard Henri IV comprise entre les deux tronçons du pont de Sully, et, continuant de tenir sa droite, on prend le quai de Béthune qui se poursuit par le quai d'Orléans, et l'on revient ainsi, ayant fait le tour l'île, à son point de départ, le pont Saint-Louis, d'où l'on prend, tournant le dos à la Cité, la rue Saint-Louis-en-l'Ile, que l'on parcourra dans toute sa longueur, en s'arrêtant, si l'on veut, aux rues traversières qui se succèdent d'aval en amont dans l'ordre suivant : la rue Jean-du-Bellay, la rue Le Regrattier, la rue Budé, la rue des Deux-Ponts, la rue Poulletier, la rue de Bretonvilliers.

Quand, après la rue de Bretonvilliers, on sera venu à l'extrémité orientale de l'île Saint-Louis, c'est-à-dire au n° 1, on se retrouvera sur le boulevard Henri IV : visite du square Henri IV avec le monument de Barye, coup d'œil sur la passerelle de pierre, puis on prend la partie du pont de Sully menant à la rive droite du fleuve, dans la direction de la place de la Bastille dont on aperçoit la colonne au loin : on voit, à gauche, les fondations de l'ancienne tour de la Bastille, dite tour de la Liberté, puis, sur sa droite, on prend la rue de Sully qui longe la caserne des Célestins et la promenade s'achève par la visite de la belle et célèbre bibliothèque de l'Arsenal.

Tournant le dos à la Cité, en quittant le pont Saint-Louis, nous gagnons ainsi le quai de Bourbon que nous suivrons en remontant le cours du fleuve. L'hôtel qui porte le n° 45 a été bâti en 1659 sur les plans de l'architecte François Le Vau, le frère de Louis Le Vau, à qui nous devons le château de Versailles. Le n° 29, hôtel Roualle de Boisgelon, du milieu du XVII° siècle, a conservé une belle porte et une rampe d'escalier en fer forgé. Le n° 21, hôtel Jassaud d'Arquainvilliers, vieille demeure bourgeoise, a été occupé au XVII° siècle par une famille de conseillers au Parlement. Au n° 19 *bis*, à l'angle de la rue Le Regrattier, dans une niche, une statue du XVII° siècle, dont la partie supérieure a été fracassée. Comme un tronçon de la rue Le Regrattier portait jadis le nom de « rue de la Femme sans teste », on a cru voir ladite femme sans tête dans la statue décapitée. Il n'en est rien. C'est bien la partie de la rue Le Regrattier comprise entre la rue Saint-Louis-en-l'Ile et le quai de Bourbon, où se trouve la statue en question, qui portait le nom de « rue de la Femme sans teste », comme en témoigne encore la gravure sur pierre, sous la statue : mais nous savons que, par bizarrerie, c'était la partie de la rue Le Regrattier où ne se trouvait *pas* l'enseigne créatrice du nom, qui le portait ; c'est donc dans la partie de la rue Le Regrattier comprise entre la rue Saint-Louis-en-l'Ile et le quai d'Orléans que se voyait l'enseigne fameuse dont il sera question plus bas. La statue mutilée du quai de Bourbon représentait une de ces images de dévotion jadis si fréquentes dans les villes, sans doute la statue d'un évêque, vraisemblablement saint Nicolas.

Les nᵒˢ 13-15 formaient l'hôtel Le Charron (intendant des Finances). Il date de 1630. La cour en est intéressante. Le célèbre peintre Meissonier y eut son atelier et on lui doit quelques constructions dans la maison, notamment l'échauguette de la cour.

Au nᵒ 3, une bien curieuse boutique Louis XV et qui n'a peut-être pas son pendant à Paris.

Enfin, au coin du quai Bourbon et de la rue des Deux-Ponts, le cabaret du *Franc-Pinot*, en la vieille maison à pignon et ventrue. La grille en fer forgé, teinté, doré, est remarquable par son état de conservation. La vigne

Cl. Hachette

ILE SAINT-LOUIS : LE CABARET DU FRANC-PINOT,
au coin du quai de Bourbon et de la rue des Deux-Ponts.
Etat actuel.

court allègrement, s'enchevêtre, s'entrelace en ses éléments divers, grappes, feuilles et sarments. On appelait *pinot* un raisin de Bourgogne, qu'il fût blanc ou noir, d'où est venu peut-être le mot *pinard*, cher aux poilus. Rabelais l'a célébré.

Sous la Révolution, la fille du tenancier du *Franc-Pinot* ne fut autre que la célèbre Cécile Renault. Comme Charlotte Corday avait assassiné Marat, elle voulut tuer Robespierre, se présenta chez lui en la maison du menuisier, rue Saint-Honoré, où elle fut arrêtée le 23 mai 1794. Cécile avait dix-neuf ans, elle était belle, elle s'habillait avec coquetterie. Elle fut exécutée le 17 juin suivant, avec son père, sa mère et tous les membres de sa famille que l'on put arrêter. Les victimes allèrent au supplice dans la robe rouge des assassins.

Passé la rue des Deux-Ponts et le pont Marie, la voie au bord de l'eau prend le nom de quai d'Anjou. S'approcher de ces parapets et jeter un coup d'œil sur le petit bras de la Seine, et en face sur le quai des Célestins. Le quai d'Anjou s'abrite sous le frémissement léger des peupliers.

5

Ce bras de la Seine n'est pas fréquenté par la navigation active : les lavoirs chantent, le pont des péniches amarrées sert de « plateau » à la vie des mariniers : du linge sèche sur des ficelles, chemises blanches, ou qui voudraient bien le redevenir, tabliers d'un bleu éteint par les lessives multiples, chapelets de chaussettes, jupons de flanelle rouge ou couleur crème mêlée de sucre brûlé ; et les petits poêles en plein vent, avec un tuyau qui fume : dans la petite cocotte de faïence ou de fer émaillé mijote quelque friture due à la patience du patron, devenu pêcheur à la ligne quand son bateau est au repos.

Au nº 23 du quai d'Anjou, la jolie petite imprimerie, avec sa gentille enseigne : *A l'Encrier,* où s'imprime et se débite le *Sémaphore,* organe des revendications *ludoviciennes,* ce qui veut dire : des habitants de l'île Saint-Louis.

Et au nº 17, l'admirable demeure qui porte cette inscription sur marbre : « Hôtel de Lausun, 1657. » C'est le célèbre hôtel de Lauzun, aussi appelé hôtel Pimodan, le plus beau peut-être et le plus intéressant de tout Paris.

L'hôtel fut bâti, de 1650 à 1658, par Grüyn

ILE SAINT-LOUIS : HOTEL LAUZUN
dit aussi Hôtel Pimodan. Décoration de la salle à manger.
Etat actuel.

des Bordes, commissaire général de la cavalerie légère. En 1682, la maison fut vendue à Lauzun, le trop célèbre fiancé, mari peut-être de la Grande Mademoiselle, Mlle de Montpensier. Lauzun ne garda d'ailleurs la maison que pendant trois ans; dès 1684, il la vendait au marquis de Richelieu, qui la céda en 1709 au receveur général des finances de Montauban, Pierre-François Ogier. Celui-ci, enrichi dans les affaires, y fit grande dépense.

Après avoir passé encore par diverses mains, l'hôtel Lauzun fut vendu, le 2 juillet 1779, au marquis de Pimodan, qui lui laissa également son nom. Pimodan, lui non plus, ne garda pas l'hôtel bien longtemps: il s'en défait le 2 messidor an XII (21 juin 1804). Le baron Jérôme Pichon, auditeur au Conseil d'Etat, possesseur d'une admirable collection d'objets d'art, l'achète le 2 août 1842.

Le monument devint en 1899 propriété de la Ville de Paris qui voulait en faire un musée, lequel ne consista jamais qu'en un tableau unique accroché dans l'escalier; si bien qu'en 1906, la Ville rétrocédait l'immeuble à la famille Pichon.

Le baron, et son fils après lui, ont fait les plus heureux efforts pour rendre à la belle demeure son aspect du vieux temps : aussi quand, en 1844, le baron Pichon loua l'hôtel au poète-romancier Roger de Beauvoir, les dispositions n'en étaient-elles pas les mêmes qu'aujourd'hui : « Une fumée épaisse, nauséabonde, s'échappait des caves aux larges portes ouvertes sur le quai, comme autant de vomitoires. »

De sa pensée romantique, Roger de Beauvoir ressuscitait, en franchissant le seuil du vieil hôtel noirci par le temps, les splendeurs des siècles passés. Il s'en éprend d'un vif amour, du moins en imagination :

Philis ! ô pardonnez, ce n'est plus vous que j'aime !
Vraiment, ce n'est plus vous : excusez ce blasphème,
Vous cependant si belle et que j'aimai longtemps ;
Non, c'est un morne hôtel, débris de l'ancien temps...

En 1848, l'hôtel Pimodan est occupé par le peintre Boissard et par Théophile Gautier. Les deux appartements communiquaient.

« Nous étions, écrit Th. Gautier, dans ce grand salon du plus pur style Louis XIV, aux boiseries rehaussées d'or terni, mais d'un ton admirable, à la corniche en encorbellement, où quelque élève de Le Sueur ou de Poussin, ayant travaillé à l'hôtel Lambert, avait peint des nymphes, poursuivies par des satyres à travers les roseaux... »

Gautier ne resta pas longtemps locataire de la belle demeure. Ce n'était d'ailleurs pas la première fois qu'il y venait. Il en avait fait connaissance quelques années auparavant, pour y prendre part aux séances du fameux club des *Hachischins*, autrement dit des mangeurs de hachisch. On l'appelait aussi le cénacle des « paradis artificiels ».

Nous sommes en décembre 1845 :

Gautier goûta à la fameuse confiture dont la digestion vous plonge dans une hébétude délicieuse, paraît-il, le hachisch ; d'où l'article qu'il publiera dans la *Revue des Deux Mondes* sur le club des Hachischins (1ᵉʳ février 1846).

Fort heureusement, Th. Gautier ne se familiarisa pas avec la terrible drogue, enchanteresse et fatale ; mais l'hôtel lui avait si bien plu, qu'il y vint demeurer peu d'années après.

A la même époque, 1845, Baudelaire avait pris logis, lui aussi, en l'hôtel Pimodan, où il occupait, au troisième, plusieurs petites pièces. Les murs en étaient ornés d'un tableau unique, *La Douleur*, par Eugène Delacroix, et c'est peut-être devant cette peinture, d'un romantisme torturé, qu'il composa les *Fleurs du mal*. Au matin, Baudelaire pouvait suivre, de sa fenêtre ouverte :

> L'aurore grelottante, en robe rose et verte,
> S'avancer lentement sur la Seine déserte...

Aujourd'hui tout est remis en place grâce aux soins diligents de M. le baron Pichon : l'ami de la Grande Mademoiselle s'y retrouverait chez lui.

Continuant à remonter le quai d'Anjou, nous passons sous les fenêtres de l'hôtel Lambert, qui s'avance en proue de navire dans la direction du pont de Sully. L'entrée en est au n° 2 de la rue Saint-Louis-en-l'Ile et nous en parlerons quand nous serons arrivés à ce point de notre promenade. Et nous voici, en la pointe orientale de l'île, sur le petit square Henri IV, orné du

Square du Pont de Sully : Monument du sculpteur Barye,
décoré du médaillon et de plusieurs des principales
œuvres du grand artiste (1793—1875).

monument de Barye. Jetons les yeux à gauche, sur la passerelle de pierre qui a remplacé, avec ses grilles disposées en herses, la vieille estacade de bois, également disposée en passerelle, qui avait été construite en 1730 et qui a été détruite par l'inondation de 1910. La principale utilité en est de diminuer le courant des eaux dans le petit bras de la Seine, sur le pont Saint-Paul, et d'empêcher, en hiver, les glaçons de l'envahir à la débâcle du fleuve : protection aux embarcations qui y sommeillent en tout temps. L'ensemble architectural que constitue la nouvelle passerelle en pierre avec le pont de Sully et le quai Henri IV est des plus heureux. En face de soi, une vue sur la Seine, large et calme ; en amont, de longues cheminées d'usines raient le paysage, qui s'égaie vers la droite par les verdures et l'un des pavillons du Jardin des Plantes ; au loin, la coupole de la Salpêtrière. En se tournant vers la rive gauche, on a devant soi, bleu par l'atmosphère, l'énorme gâteau de Savoie que forme le Panthéon, flanqué de la vieille tour dite de Clovis, débris de l'ancienne abbaye Sainte-Geneviève.

Le monument Barye a été construit à la gloire du grand sculpteur. Barye est mort dans le voisinage, sur le quai des Célestins. Le monument a été élevé en 1894, grâce à une souscription publique, où les admirateurs américains du grand artiste ont eu une grande, peut-être la plus grande part. Le monument se compose de la reproduction de plusieurs œuvres de l'artiste entourant son médaillon.

Après avoir franchi, tenant toujours notre droite, la partie du boulevard Henri IV qui se trouve entre les deux ponts de Sully, nous prenons le quai de Béthune pour le descendre en suivant le cours de l'eau.

Le bel hôtel qui porte aujourd'hui les n°ˢ 16 et 18 du quai de Béthune, et qui date, en ses parties les plus anciennes, du XVIIᵉ siècle, devint au XVIIIᵉ siècle, par héritage, la propriété du trop fameux maréchal de Richelieu, célèbre par ses innombrables aventures galantes — de qui il porte le nom : hôtel de Richelieu, bien que le sémillant gentilhomme n'y ait sans doute jamais demeuré. La cour intérieure, de la plus heureuse disposition et conservation, avec ses

XI

RUE SAINT-LOUIS-EN-L'ILE.
Etat actuel.

rideaux de lierre et de verdure, présente un des plus intéressants coups d'œil que Paris puisse offrir aux amis du vieux temps. L'hôtel avait été acheté, en 1886, par Mme Lelong, la célèbre collectionneuse, qui légua sa fortune aux artistes musiciens. La vente qui fut faite de ses collections, en 1906, est restée célèbre dans les fastes des amateurs d'art.

Le n° 22 du quai de Béthune, ainsi que le n° 24, ont été construits par Le Vau. Au n° 24, hôtel Molé, puis hôtel d'Ambrun. On regardera avec soin le balcon, le portail sculpté avec têtes de bélier dues au ciseau de Le Hongre, et la jolie cour semi-circulaire d'où l'on aperçoit la pittoresque silhouette de l'église Saint-Louis. Dans la cour, une vieille fontaine.

Au n° 30, jolie façade Louis XVI et nous voici au pont de la Tournelle, en reconstruction, au delà duquel commence le quai d'Orléans.

Au n° 6 du quai d'Orléans se trouve la bibliothèque polonaise et le musée Adam-Mickiewicz. Le grand poète polonais qui, d'autre part, professait au Collège de France, y fut bibliothécaire. On en remarquera la porte sculptée.

Au n° 12, la maison natale du poète Félix Arvers : l'entrée en est au n° 1 de la rue Budé dont l'immeuble fait le coin, mais c'est sur la façade du quai d'Orléans qu'a été posée en 1906 la plaque commémorative, avec médaillon du poète, à l'occasion de son centenaire, Arvers étant né en 1806. Le nom d'Arvers est immortel pour un seul sonnet, le sonnet que l'on regarde généralement comme le plus beau de la langue française. Le voici :

A UNE INCONNUE

Mon âme a son secret, ma vie a son mystère :
Un amour éternel en un moment conçu ;
Le mal est sans espoir, aussi j'ai dû le taire,
Et celle qui l'a fait n'en a jamais rien su.

Hélas ! j'aurai passé près d'elle, inaperçu,
Toujours à ses côtés et pourtant solitaire,
Et j'aurai jusqu'au bout fait mon temps sur la terre,
N'osant rien demander et n'ayant rien reçu.

Pour elle, quoique Dieu l'ait faite bonne et tendre,
Elle ira son chemin, distraite, sans entendre
Ce murmure d'amour élevé sur ses pas.

A l'austère devoir pieusement fidèle,
Elle dira, lisant ces vers tout remplis d'elle :
« Quelle est donc cette femme ? » et ne comprendra pas.

Les recherches des érudits ont établi que l'*inconnue* d'Arvers était Marie Nodier, fille du romancier Charles Nodier, devenue Mme Jules Menessier à l'époque où Arvers écrivit sur son album ces vers fameux.

Aux n°ˢ 20 et 28 du quai d'Orléans, de jolis balcons, « arrondis comme des gilets de fermiers-généraux ».

Nous voici revenus au pont Saint-Louis d'où nous étions partis, et nous allons remonter la rue Saint-Louis-en-l'Ile, en jetant un regard, au fur et à mesure que nous les rencontrerons, sur les rues transversales, jusqu'à l'issue de la rue dont nous sortirons par le pont de Sully.

L'île Saint-Louis est coupée en deux, dans toute sa longueur, par la rue Saint-Louis-en-l'Ile où viennent donner perpendiculairement — nous les citons dans l'ordre en remontant d'aval en amont — les rues Jean-du-Bellay, Boutarel, Le Regrattier, Budé, Poulletier et Bretonvilliers.

La rue Saint-Louis-en-l'Ile, commencée en 1614, terminée en 1646, s'appela tout d'abord rue Palatine, de son extrémité orientale jusqu'à la rue des Deux-Ponts, et rue Marie, du nom

de l'entrepreneur, sur le reste de son parcours.
Dans la seconde moitié du XVII° siècle, elle fut
nommée rue Saint-Louis, puis, à l'époque de
la Révolution, du même nom que l'île entière,
rue de la Fraternité. Sous l'Empire, en 1806,
elle reçut le nom de rue Blanche-de-Castille,
dans la croyance que la mère de Louis IX y avait
demeuré quelque temps, nom qu'elle garda jusqu'au 27 avril 1814 où elle prit son nom actuel.

A l'entrée de la rue Saint-Louis, en quittant
le pont du même nom, se trouve à gauche la rue
Jean-du-Bellay, toute moderne. Elle a reçu
son nom de l'évêque de Paris, J. du Bellay
(1492-1560), cousin de Joachim du Bellay,
auteur du livre célèbre : *Défense et illustration
de la langue française.*

Nous suivons la rue Saint-Louis d'aval en
amont. Entre les n°° 75 et 77, sur notre droite,
débouche la rue Boutarel. Son nom est celui
d'un capitaine de la garde nationale auquel
appartenait le terrain sur lequel la rue fut tracée
en 1846. Jusqu'en 1870, la rue était fermée
à son extrémité par des grilles éclairées par des
quinquets.

Au n° 61 de la rue Saint-Louis, le cabaret du *Petit Bacchus*. Il date du XVIIe siècle comme le *Franc Pinot*. Il est extrêmement intéressant à contempler car il n'a guère subi de changement depuis le temps du grand roi. Le jeune Bacchus, dans l'imposte de la porte, est toujours gaillardement assis sur son tonneau, bouteille d'une main, jolie grappe de l'autre. Les pampres féconds lui font un encadrement harmonieux.

Le *Petit Bacchus* fait le coin entre la rue Saint-Louis et la rue Le Regrattier qui traverse l'île de part en part ; elle doit son nom à Le Regrattier, l'un des associés de Christophe Marie : on l'appelait jadis populairement « rue Regrattière ». Nous avons dit qu'une partie en était appelée « rue de la Femme sans teste », désignation qui n'apparaît d'ailleurs pas avant 1646. La « Femme sans teste » était l'enseigne facétieuse d'un marchand de vin, représentant une femme privée de son chef et tenant un verre en main. (Rien de commun avec la statue mutilée du coin du quai de Bourbon.) Au-dessous de l'image, cette inscription, contre laquelle nous protestons :

Tout en est bon.

Une partie de la rue de la Femme sans tête conserva ce nom jusqu'en 1870, date où le nom de Le Regrattier fut étendu à la rue entière.

Au n° 51, l'hôtel Chenizot. Les vantaux de la grande porte sont de toute beauté, admirable spécimen de la boiserie française au XVIIIe siècle. On admirera également le balcon soutenu par des chimères, riche et gracieuse ferronnerie de la même époque. L'hôtel fut construit en 1730 par celui dont il porte le nom. Il étendait ses jardins jusqu'à la rivière. Le lieutenant civil y donna ses audiences de 1750 à 1778. L'hôtel Chenizot devint palais archiépiscopal en 1840. On y rapporta, le 25 juin 1848, le corps de l'archevêque, Mgr Affre, tué sur les barricades où il avait voulu faire entendre des paroles de bonté et d'apaisement. Quand il cessa d'être la résidence de l'archevêque, l'hôtel Chenizot servit de caserne de gendarmerie. Il est aujourd'hui un immeuble de rapport.

Au n° 43, sur notre droite, la rue Budé, appelée rue Guillaume jusqu'en 1867, depuis cette époque « rue Guillaume-Budé », aujourd'hui rue Budé tout court. « Guillaume » était le nom de l'un des entrepreneurs qui construisirent les maisons de l'île Saint-Louis, comme Marie, Poulletier et Le Regrattier; Budé, le savant helléniste, professeur au Collège de France, s'appelait « Guillaume » de son prénom et, sur cette pente, la rue Guillaume, après être devenue « Guillaume-Budé », a fini par « Budé » tout court. Ce qui est regrettable, malgré toute l'admiration due à Guillaume Budé : il est toujours absurde, enfantin, de modifier le nom d'une rue.

Entre les n°ˢ 31-33 de la rue Saint-Louis-en-l'Ile sur notre droite, et les n°ˢ 48-50 sur notre gauche, traverse la rue des Deux-Ponts, qui doit son nom aux deux ponts qu'elle relie. Quelques vieilles maisons en sont dignes d'attention; mais une partie de la rue des Deux-Ponts vient d'être éventrée, les maisons abattues, en suite des travaux de réfection du pont de la Tournelle.

Et nous voici, au n° 21, à l'église paroissiale Saint-Louis-en-l'Ile. L'origine en fut, comme nous l'avons dit, la chapelle du couvreur Nicolas

Lejeune, agrandie en 1622, consacrée en 1623 et érigée en paroisse sous le vocable de « Notre-Dame-en-l'Ile ». L'église actuelle, commencée en 1644 sur les plans de Le Vau, fut terminée en 1726 par Jacques Doucet. En cette année 1726, elle fut consacrée à saint Louis et, depuis, son nom fut donné à l'île entière. L'amusant clocher à jour, dit clocher polonais, surmontant l'horloge en fer ouvragé accrochée en surplomb à la façon des vieilles enseignes, et qui met sa note pittoresque dans la perspective de la rue, date de 1741.

L'intérieur de l'église Saint-Louis, dans le style mondain du XVIIe siècle, est d'un grand caractère : l'église est claire, les rehauts d'or brillent sur la blancheur de la pierre ; aux jours de fête, quand, dans le chœur, les baies entre les colonnes et les pilastres, sont tendues de draperies soyeuses, on a l'aspect d'un salon élégant, mais recueilli et imposant : c'est, dans la maison du Seigneur, la salle parée où il reçoit ses hôtes et où ceux-ci l'honorent. Il faut songer qu'au XVIIe siècle tout y était dans sa nouveauté et son éclat, et que la vivacité des sentiments religieux faisait entretenir les édifices du culte avec un

XII

RUE SAINT-LOUIS-EN-L'ILE :
ENTRÉE DE L'HOTEL CHENIZOT. Etat actuel.

soin extrême. Ce n'est plus la conception gothique de l'église, et qui s'est peut-être trop imposée à notre esprit; mais cette façon nouvelle de comprendre les édifices du culte n'en est pas moins intéressante, vivante, correspondant à une vision brillante et joyeuse de la divinité et de ses bienfaits. Il n'est pas nécessaire que la piété soit morne et extatique. L'église Saint-Louis-en-l'Ile contient de multiples œuvres d'art que nous allons rapidement passer en revue, malheureusement mêlées à des objets et à des statues de dévotion indignes d'un beau culte. De plus, les vitraux historiés, déplorablement modernes, sont tous affreux. Les fenêtres de l'église Saint-Louis devraient être uniformément blanches : l'église en serait plus belle encore et dans le caractère où elle a été conçue.

Le Chemin de Croix est du sculpteur romantique Du Seigneur. Les chapelles latérales, correspondant aux arcades de la grande nef, doivent être visitées une à une. Commençons par le bas-côté de droite.

Dans la chapelle de la Communion, au-dessus de l'autel, un important tableau de Coypel

(1746) : les *Disciples d'Emmaüs*. Dans la même chapelle, au-dessous d'une *Résurrection* banale, deux petits tableaux italiens, l'un du XVᵉ siècle, *Famille en prière*, l'autre du XVIᵉ, l'*Ange Gabriel et la Vierge*. On a eu tort de vouloir mettre ce dernier sous le nom de Raphaël; mais les deux petits tableaux, le premier surtout, sont tout à fait charmants. Dans la même chapelle, une belle peinture d'Ary Scheffer : la *Dernière Communion de saint Louis*.

La chapelle du Sacré-Cœur, qui suit, possède un très curieux retable du XVIIᵉ siècle, en bois sculpté, la *Résurrection de Lazare*, et en face, un autre retable flamand du XVIᵉ siècle, la *Mort de la Vierge*. Au-dessous, le tombeau et l'épitaphe mortuaire du poète Quinault. On fixera son attention sur les quatre peintures italiennes du XVᵉ-XVIᵉ siècle, représentant saint Jérôme, saint François d'Assise (l'une et l'autre attribuées à Fra Bartolomeo), sainte Claire et une figure auréolée tenant un pennon et que deux anges viennent couronner. On a cru y voir une Jeanne d'Arc, ce qui n'a aucune vraisemblance. Nous y verrions plutôt un saint Louis.

VUE DE L'ILE LOUVIERS, DU MAIL, DE L'ARSENAL
ET DU COUVENT DES CÉLESTINS AU XVIIe SIÈCLE.

La chapelle de la Vierge n'offre rien de particulier ; mais la chapelle de la Madeleine, qui suit, contient les deux joyaux de l'église : une délicieuse *Annonciation* italienne attribuée à Fra Angelico, et qui pourrait bien être de lui, et puis, sur l'autel, un reliquaire en bois doré, dans le style gothique français du XIIIᵉ siècle, flanqué à droite et à gauche de deux précieuses statuettes en terre cuite, polychromes, objets rares ; tout en est délicieux : la facture, l'expression, le costume.

Dans la chapelle qui suit, chapelle de saint Vincent de Paul, un médaillon de la Vierge par Canova et un relief en albâtre du XIVᵉ siècle, l'*Assomption*.

La sacristie voisine renferme de précieuses broderies des XIIIᵉ, XVᵉ et XVIᵉ siècles, provenant de l'ancienne abbaye de Longchamp. Les trois chapelles de l'abside n'offrent rien d'intéressant au point de vue artistique. La chapelle de saint François de Sales contient, au-dessus de l'autel, un tableau de Hallé où l'on croit voir un fidèle portrait du saint évêque de Genève.

Dans la chapelle de saint Denis, le très curieux tableau de Ducornet (1844). Ducornet était privé de bras et peignait avec son pied. Le tableau représente une prédication de saint Denis, et, devant le tableau, sur l'autel, un groupe du XVIIe siècle, représentant les personnages d'une Descente de Croix. Les quatre figurines, devant le corps du Christ, sont d'un grand caractère : le sentiment populaire corrige souvent ainsi ce que le classicisme du XVIIe siècle apportait de conventionnel et de banal.

Dans la chapelle Sainte-Geneviève, le *Saint Jean guérissant un paralytique,* de Van Loo.

On remarquera, après avoir passé la chapelle des Ames du Purgatoire, un petit bénitier qui, à en croire l'inscription, proviendrait des Carmélites de Chaillot où Louise de La Vallière aurait terminé sa vie ; mais l'origine du bénitier est des plus douteuses : il n'y eut jamais de Carmélites à Chaillot.

Disons en terminant que l'une des chapelles de l'église, la chapelle Saint-Joseph, possède en son autel la pierre sur laquelle le pape Pie VII célébrait la messe à Fontainebleau.

Après être sortis de l'église, en poursuivant notre route, nous trouvons la rue Poulletier qui traverse la rue Saint-Louis-en-l'Ile à la hauteur du n° 19. Elle porte le nom de l'un des associés de Marie. Elle suit le tracé du petit canal qui coupait l'île en deux. Au n° 20, le portail monumental de l'hôtel de Méliand.

Au n° 10 de la rue Saint-Louis, une maison à mascarons; une des nombreuses maisons de Paris où aurait demeuré la reine Blanche. Au n° 7, l'arcade, et aux n°ˢ 5 et 3, les restes du célèbre hôtel Le Ragois de Bretonvilliers (1640).

Bretonvilliers était président de la Chambre des comptes. C'est lui, ou plutôt son hôtel, construit par le fameux Androuet du Cerceau, qui a donné son nom à la rue. L'hôtel, avec ses dépendances et son jardin à la française, au milieu duquel se dessinait une pièce d'eau circulaire, s'étendait jusqu'à la pointe de l'île. L'hôtel disparut en 1840, détruit par le prolongement du boulevard Henri IV. Il n'en reste que la belle arcade, sur le fond de la rue Bretonvilliers, la faisant communiquer avec la rue Saint-

Louis-en-l'Ile ; mais c'est du quai de Béthune qu'il faut la contempler.

Au moment de quitter la rue Saint-Louis, nous trouvons encore, au n° 1, l'intéressant petit pavillon où les arbalétriers se réunissaient avant la Révolution, lointain écho des joueurs d'arc et d'arbalète aux temps de l'île aux Vaches ; et au n° 2, le magnifique hôtel Lambert.

Cette belle résidence, bâtie en 1640 pour Nicolas Lambert de Thorigny — d'où le nom d'hôtel Lambert — sur les plans de Le Vau, le principal architecte de Versailles, est une des célébrités de Paris. On y trouvait d'admirables peintures de Le Brun et de Le Sueur.

Une partie importante en a été transportée dans nos musées nationaux ; Montalivet, qui possédait l'hôtel au temps du premier Empire, fit enlever plusieurs des panneaux de Le Sueur pour en orner son château de Lagrange, dans le Berry ; cependant sont conservés ici la galerie d'Hercule et les camaïeux de Le Sueur restaurés par De-lacroix.

Quand la famille de Nicolas Lambert de Tho-rigny s'éteignit, en 1719, l'hôtel fut acheté par le

ILE SAINT-LOUIS : HOTEL LAMBERT ET QUAI D'ANJOU.
Etat actuel

fermier général Dupin, l'ancêtre de George Sand. Le marquis du Châtelet l'acquit en 1750 et Voltaire y fut l'hôte de la marquise. Montalivet devint propriétaire de l'immeuble en 1809, puis le vendit à une entreprise de lits militaires. Acquis en 1843 par la famille Czartoryski, on y vit une école pour les filles d'émigrés polonais par les soins de la princesse Anna Czartoryska. Le prince Czartoryski restaura l'hôtel avec goût : il est resté dans sa famille. Le coup d'œil sur l'hôtel, vu du pont de Sully, où nous revenons, sous les peupliers du quai d'Anjou, avec ses tons noircis aux reflets fauves, merveilleusement harmonisés à la verdure, est d'un grand charme. Et maintenant, franchissant la partie septentrionale du pont de Sully, dans la direction de la Bastille, ne manquons pas de nous arrêter pour le beau coup d'œil qu'offrent, sur notre gauche, le vieux quai des Célestins, le port Saint-Paul, au fond le pont Marie, aux belles alternatives d'ombre et de lumière, surmonté par l'admirable silhouette de Saint-Gervais aux hautes toitures, et, sur la gauche, le quai d'Anjou. Le petit bras de la Seine forme ici une courbe gracieuse. En toute saison, avec le mouvement paisible du port, le tableau est d'une grâce infinie ; mais à l'automne surtout, quand les pommes dorées ou rouges amenées de Bourgogne ou de Normandie s'amoncellent sur les berges en tas lumineux.

Continuant notre route, nous trouvons sur la gauche un square récemment aménagé, avec les fondations, recouvertes de lierre, d'une des huit tours de la Bastille : la tour de la Liberté. Les travaux du Métropolitain les ont mises au jour. On donnait ce nom singulier à l'une des huit tours de la fameuse prison d'Etat, parce que les prisonniers qui y étaient détenus jouissaient parmi les autres d'une liberté relative : la liberté notamment de se promener dans les cours et le jardin de la Bastille. Parmi leurs co-détenus, ils étaient appelés « les prisonniers dans la liberté de la cour », et plus brièvement « les prisonniers de la liberté », et la tour où ils étaient groupés, « la tour de la Liberté ».

Et maintenant, tournant sur la droite, prenons la rue de Sully, où nous entrerons, au n° 3, dans la belle et célèbre bibliothèque de l'Arsenal.

Le Salon de Musique de la Duchesse du Maine
par Germain Boffrand (vers 1725). Etat actuel.

Elle porte un nom belliqueux pour un lieu de travail paisible, temple des lettres et des arts; mais le nom est justifié : la bibliothèque est installée dans l'ancien hôtel du grand-maître de l'artillerie qui y logeait, car le bâtiment se trouvait parmi les multiples constructions qui formaient un arsenal royal. On y fabriqua des canons, des fusils, de la poudre jusque sous le règne de Louis XV. L'importance en alla diminuant. Au début du XVIIIe siècle, on n'y faisait plus que de menues petites pièces de cuivre et de laiton; en revanche, depuis Louis XIV, on y fondait les beaux bronzes destinés aux résidences royales. Le bâtiment actuel, construit au XVIIIe siècle, commencé en 1723, pense-t-on, est l'œuvre d'un architecte célèbre, Germain Boffrand. Boffrand jouissait au XVIIIe siècle d'une telle réputation, il exerça sur le style de l'époque une telle influence que le style Louis XV lui-même, celui que nous appelons le style rocaille ou rococo, portait le nom de style Boffrand. Un grand contraste entre l'extérieur du bâtiment, qui garde un aspect classique, grave, un peu lourd, et la gracieuse légèreté de la décoration intérieure. Au XIXᵉ siècle, le bâtiment a été modifié par la construction des deux pavillons aux deux extrémités. En 1859, on plaça au fronton du centre, au-dessus de l'ancienne porte d'entrée, une statue figurant la Victoire, due à Dantan l'aîné ; un bas-relief, immédiatement au-dessus de la porte, a été mutilé à l'époque révolutionnaire ; quant à la façade sur le boulevard Morland, avec ses mortiers, ses canons, ses boulets de pierre, elle est restée ce que l'avait faite Boffrand.

Jusqu'en 1840, cette façade de Boffrand, sur le boulevard Morland, était baignée par un petit bras de la Seine qui la séparait d'une petite île nommée l'île Louviers et populairement « l'île d'Amour ». L'île Louviers fut réunie à la rive droite en cette année 1840, le canal étant comblé. Un pont de bois, nommé pont de Grammont, la faisait communiquer avec la rive droite, dans le prolongement de la rue du Petit-Musc.

En ce petit bras du fleuve, l'eau était presque stagnante : des roseaux en garnissaient les bords où les grenouilles faisaient entendre leurs secs et paisibles coassements. Le boulevard Morland, qui en a pris la place, a été appelé ainsi en mémoire du commandant de chasseurs de la garde tué à Austerlitz. En 1806, Napoléon avait fait donner son nom au quai qui bordait le fleuve, nom que le boulevard a conservé.

Mais pénétrons dans la Bibliothèque. Le péristyle et l'escalier ont été construits au XIXᵉ siècle par Labrouste : à gauche, le buste du marquis de Paulmy, fondateur de la Bibliothèque ; à droite, le buste de Bailly, maire de Paris sous la Révolution.

C'est en 1757 qu'Antoine-René de Voyer d'Argenson, marquis de Paulmy, vint s'installer à l'Arsenal, bien qu'il ne fût pas grand-maître de l'artillerie. Il n'était à l'Arsenal titulaire d'aucune fonction : la maîtrise de l'artillerie avait été supprimée en 1755. En 1771, Paulmy succéda à Jean-Louis de Montmorant comme bailli du bailliage de l'artillerie de France. En réalité, il ne paraît pas, durant son séjour à l'Arsenal, y avoir exercé d'autres fonctions que celles d'un gouverneur de maison royale.

Mais s'il ne s'occupait pas d'affaires militaires, il s'employait avec passion à former la plus belle bibliothèque qu'un particulier eût jamais possédée : il eut le goût, si rare en son temps, du moyen âge ; il eut les livres à miniatures les plus précieux : et l'étonnante collection qu'il avait formée est demeurée intégralement à l'Arsenal.

Le 20 juin 1785, Paulmy devenu vieux, souffreteux, et quelque peu démuni d'argent par ses prodigalités livresques, cédait pour 412.000 livres — environ quatre millions de valeur actuelle — sa bibliothèque au comte d'Artois, qui sera plus tard Charles X ; mais Paulmy en conservait la jouissance. Il fit mieux que d'en jouir : il l'accrut, achetant, le 4 mars 1786, toute la seconde partie de la célèbre bibliothèque La Vallière, environ 80.000 volumes, pour une somme de 80.000 livres, que le comte d'Artois lui rendit, d'ailleurs, le 23 juin suivant.

Le marquis de Paulmy s'éteignit à l'Arsenal, au milieu de sa chère bibliothèque, le 13 août 1787. Arrive la Révolution : la bibliothèque est confisquée sur le comte d'Artois comme bien d'émigré. La Révolution l'accrut encore, par des livres et des manuscrits provenant des dépôts littéraires formés par les confiscations sur les couvents et sur les ordres religieux; les importantes archives de la Bastille y sont transportées. Par un arrêté du Directoire en date du 9 floréal An V (28 avril 1797) est instituée la « Bibliothèque nationale et publique de l'Arsenal ».

La Restauration voulut rendre les magnifiques collections au comte d'Artois, qui préféra en laisser la jouissance à tous. La bibliothèque fut appelée, de ce moment, « Bibliothèque de Monsieur » (on sait que c'était le titre donné à l'aîné des frères du roi). Quand « Monsieur » devint Charles X, la bibliothèque reprit son nom de « Bibliothèque de l'Arsenal ».

Arrivés au haut de l'escalier, nous trouvons à gauche le cabinet Enfantin, où est réunie la collection de livres, manuscrits, tableaux, estampes et objets divers légués en 1864 par le célèbre « Père » du saint-simonisme à la bibliothèque : l'étude en est intéressante pour l'histoire du mouvement saint-simonien ; — après quoi nous nous trouvons devant les cabinets dits de Sully.

Il est certain que l'admirable ministre de Henri IV demeurait à l'Arsenal, en qualité de grand-maître de l'artillerie. C'est en l'y venant voir qu'Henri IV fut assassiné, le 14 mai 1610, rue de la Ferronnerie. Mais ces cabinets sont dus à l'un de ses successeurs, le maréchal de la Meilleraye, qui succéda en 1634 au prince d'Henrichemont dans la charge de grand-maître de l'artillerie de France. Ce n'est qu'en 1637 qu'il fit travailler à l'ornementation de ces pièces, rare spécimen des salons si richement décorés qu'affectionnait la première moitié du XVIIe siècle.

Dans la plus petite des deux pièces, sous le personnage de Marie Stuart, on trouve le portrait de Marie de Cossé, femme du maréchal de la Meilleraye. Cette petite pièce, d'une tonalité délicieuse, en a été appelée « oratoire de la maréchale de la Meilleraye ».

Nous ne décrirons pas en leur détail la succession des appartements ; les petits cabinets, en leur ornementation du temps Régence, ou Louis XV ou Louis XVI, avec leur joli mobilier qui n'a jamais bougé de place, sont ravissants. On arrive au magnifique salon de musique de la duchesse du Maine. Le duc du Maine, fils de Louis XIV et de Mme de Montespan, avait demeuré à l'Arsenal comme grand-maître de l'artillerie. La décoration a été dessinée par Germain Boffrand (vers 1725). Les camaïeux qui forment les dessus de porte représentent, en figures d'enfants, les quatre saisons d'après les bas-reliefs de Bouchardon à la fontaine de la rue de Grenelle. Ils ne purent donc être rajoutés qu'après 1739. On remarquera, dans la salle, le beau régulateur de Julien Leroy, avec son cadran ovale, provenant de l'abbaye Saint-Victor.

Enumérer les richesses de la Bibliothèque de l'Arsenal nous entraînerait au delà des dimensions qui nous sont assignées : plus de 800.000 volumes et brochures, 10.000 manuscrits, les archives de la Bastille avec plus de 700.000 pièces; le cabinet des estampes avec plus de 150.000 gravures.

Le cabinet des manuscrits contient des livres à miniatures parmi les plus beaux qui soient : le psautier de saint Louis, ayant appartenu avant lui à Blanche de Castille; le livre d'heures de Charles V, avec quelques lignes écrites par le grand roi et sa signature; le Térence des ducs, une merveille, ayant appartenu successivement à

Louis, duc de Guyenne, fils de Charles VI, puis à son grand-oncle, le duc de Berry, frère de Charles V ; le Renaud de Montauban, illustré par Loïset Liédet ; le Tropaire d'Autun de la fin du Xe siècle, en sa reliure d'ivoire, un ivoire du IIIe siècle ; puis l'exquis livre d'heures d'Isabelle de Lalaing... Dans un autre ordre, le Journal, mille et mille fois cité, d'Etienne du Junca, lieutenant de roi à la Bastille, avec l'écrou du Masque de fer et sa notice mortuaire, et le dossier Latude, contenant les lettres que ce dernier écrivait durant sa captivité, avec son sang, sur des pans de ses chemises, et le couvercle de la petite boîte explosive envoyée par lui à Mme de Pompadour et qui fut l'origine de sa longue captivité.

Le cabinet des estampes est ordonné dans la vaste pièce qui fut le salon de Charles Nodier à l'Arsenal : où se donnèrent ces fameuses soirées — les dimanches de l'Arsenal — célébrées par Musset, par Dumas, par Mme Victor Hugo... Berceau du romantisme sur lequel veillait d'un œil attendri le bon Charles Nodier.

Coll. G. Hartmann

LE SALON DE L'ARSENAL VERS 1830.
De gauche à droite, au premier plan, Charles Nodier,
Victor Hugo, Jal, Jules Janin, Paul Foucher.
Eau-forte de Tony Jahannot.

BIBLIOGRAPHIE

Beauvoir (Roger de). — *Les mystères de l'île Saint-Louis, chronique de l'hôtel Pimodan*, 1859.

Brice (Germain). — *Description de la Ville de Paris*, éditions de 1717 et 1752.

Collignon (Abbé). — *Histoire de la Paroisse Saint-Louis-en-l'Ile*, 1888.

Fegdal (Charles). — *Cabarets et cafés célèbres de la Cité et de ses alentours*, dans *La Cité*, oct. 1914.

Gautier (Th.). — *Le Club des Hachischins*, *Revue des Deux Mondes*, 1er février 1846.

Hénard (Rob.) et A. Fauchier-Magnan. — *L'Hôtel Lambert*, 1903.

Jarry (Paul). — *L'Hôtel Pimodan et le Club des Hachischins* dans le *Figaro artistique*, 31 janv. 1924. — *L'Hôtel Pimodan et le Cénacle des Paradis artificiels*, dans le *Bulletin de la Société Le Vieux Papier*, mai 1924.

MARTIN (Henry). — *La Bibliothèque de l'Arsenal*, 1907.
— *La Bibliothèque de l'Arsenal*, dans *Bibliothèques, livres et librairies*, 1914.

RETIF DE LA BRETONNE. — *Mes inscripcions*, dans la *Bibliothèque elzévirienne*, 1889.

ROCHEGUDE (Marquis de). — *Promenades dans toutes les rues de Paris, 4ᵉ arrondissement*, 1910.

ROUSSEAU (Abbé E.). — *Nouvelle description de l'église Saint-Louis-en-l'Ile*, 1917.

SION-GELLEY (E.) et G. DU WALLON. — *L'Ile Saint-Louis à travers les siècles*, 1905.

TABLE DES MATIERES

OUVRAGES SUR PARIS

publiés par la LIBRAIRIE HACHETTE
79, Boulevard Saint-Germain, PARIS

Collection des Guides Bleus, format in-16,
toile bleu foncé, avec cartes et plans :

Paris .... 25 fr.

Environs de Paris............................... 25 »

Guides Illustrés, format in-16, toile bleu ciel,
avec cartes et plans :

Paris en 8 Jours................................ 8 »

Le même en anglais........................... 8 »

Guides Diamant, format in-32, cartonnés, avec
cartes et plans :

Paris et ses environs......................... 6 »

Plans de Paris et de la Banlieue :

Plan de Paris en 12 coupures (reliées en
atlas, format de poche).................... 5 »

Plan de Paris en 1 feuille (plié et cartonné). 3 50

Banlieue de Paris, atlas des Communes de la
Seine :

Région Ouest..................................... 10 »

Région Est... 10 »

Cartes :

100 kilomètres autour de Paris, carte routière
au 1/100.000e, par coupures reliées en
deux atlas, format de poche :

Région Est .... 12 »

Région Ouest..................................... 12 »

: : :   3244-2-25   : : :

IMPRIMERIE HENRY MAILLET

3 - 3*bis*, RUE DE CHATILLON

-:-   -:-   P A R I S   -:-   -:-

www.ingramcontent.com/pod-product-compliance
Lightning Source LLC
LaVergne TN
LVHW021751170726
843503LV00004B/1829